P... a perdu son doudou

— Papa et maman partent deux jours en amoureux, et c'est mamie qui va nous garder. T'es content, toi aussi ?
— Il faudra être bien sage, mon chéri, recommande maman.

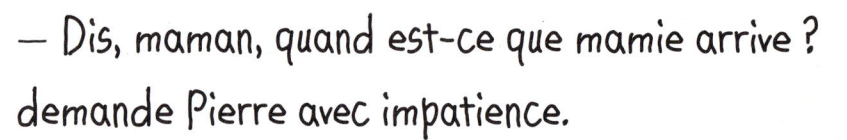

— Dis, maman, quand est-ce que mamie arrive ? demande Pierre avec impatience.

— Ah ah ! je crois que j'entends le bruit d'une voiture remplie de bonbons... déclare papa d'un air mystérieux.

— Voilà mamie ! Voilà mamie ! s'écrie Pierre en dévalant les escaliers pour l'embrasser le premier.

— Bonjour, tout le monde ! dit mamie avec son grand sourire.
— Mamie, tu portes des lunettes ?
— Eh oui, c'est pour mieux te voir, mon petit enfant !

— Mamie, il est joli le foulard que maman t'a offert !
— Ah ! Je le porte tous les jours...
— On dirait un peu mon doudou, regarde ! dit Pierre.

Papa et maman sont sur le départ...
— Au revoir, les zamoureux ! crie Pierre en agitant son doudou.
— À très bientôt ! disent papa et maman en envoyant mille baisers par la vitre de la voiture.

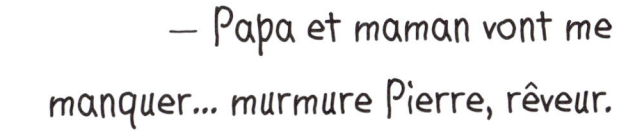

— Papa et maman vont me manquer... murmure Pierre, rêveur.
— Et si on faisait un énorme gâteau au chocolat pour notre dîner ?
— Oh ! miam, miam, ça, oui alors ! répond Pierre, qui oublie vite son petit chagrin.

Le soir, après la douche, mamie range un peu la maison, puis elle met Pierre en pyjama.

— Mamie, tu me lis une histoire ?

— Oui, mon petit Pierre, je vais chercher mes lunettes...

— Mais mamie, où sont tes lunettes ?
— Impossible de les trouver !
— C'est pas grave, mamie, je vais prendre mon doudou pour m'endormir...

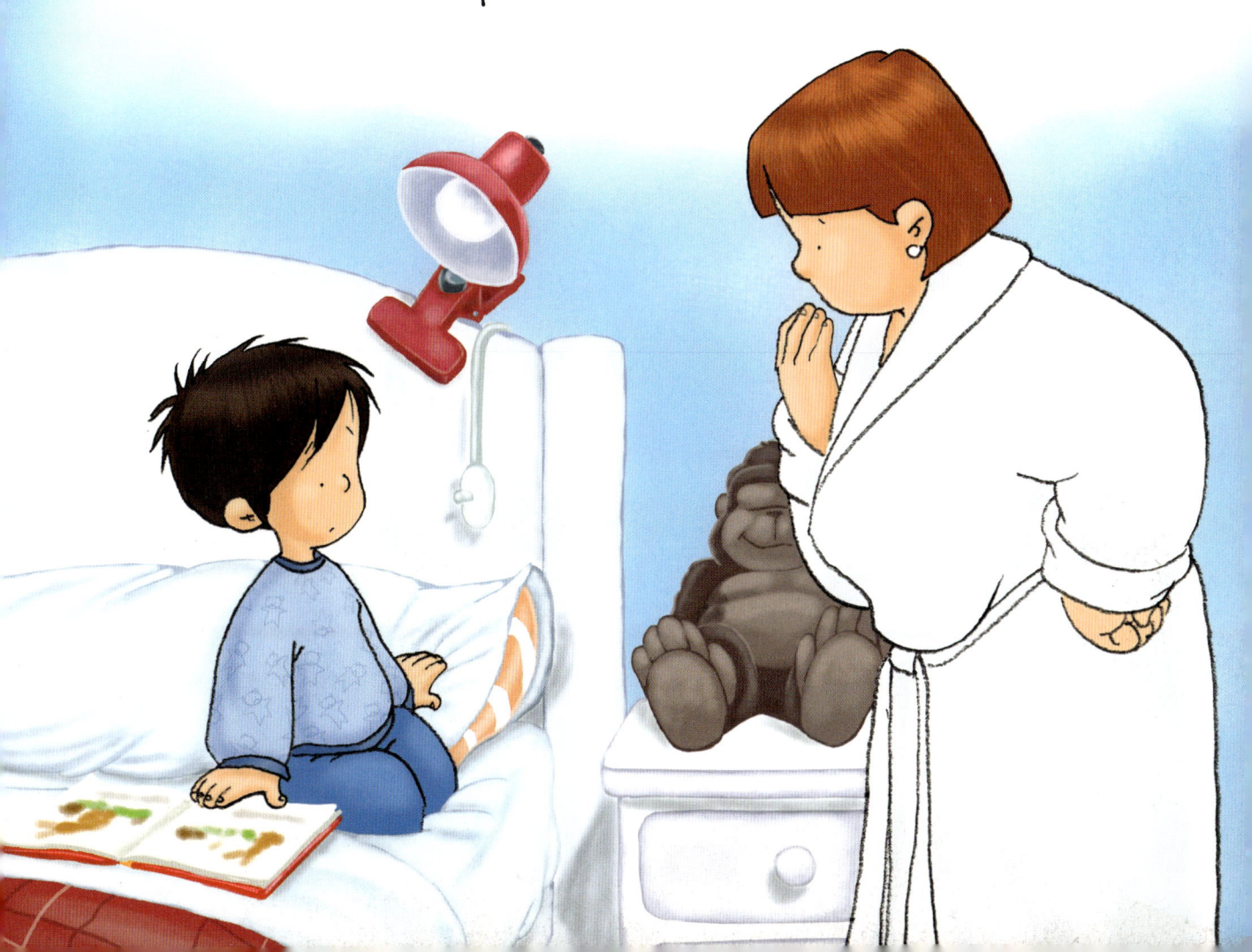

Mais soudain, Pierre s'écrie :
— Mamie ! Mon doudou a disparu, j'peux pas dormir sans mon doudou !

— Je suis sûre qu'en cherchant bien dans la maison, nous allons retrouver ton doudou et mes lunettes, assure mamie.

— Rubis peut nous aider ! s'exclame Pierre en séchant ses larmes.

— Cherche mon doudou, toutou, cherche !
— Ah ! ah ! dit mamie. Rubis a senti quelque chose dans la poche de ton blouson...
— C'est juste un biscuit, se désole Pierre. T'es trop gourmand, Rubis !

— T'as vu mon doudou, Perroquet ? interroge Pierre, en attrapant une marionnette verte sous le canapé.
— T'as vu mon doudou, Perroquet ? répète la marionnette.
— Allons plutôt dans ma chambre, propose mamie...

En entrant, Pierre découvre les lunettes posées sur une petite étagère.

— Maintenant, lunettes magiques, aidez-moi à retrouver le doudou de mon petit Pierre ! s'amuse mamie.

— Pierre ! Ton doudou est sur la chaise...
Mais alors, où est mon foulard ?
— Tu veux qu'on le cherche, mamie ?
demande Pierre en bâillant de fatigue.
— Non, non, demain...

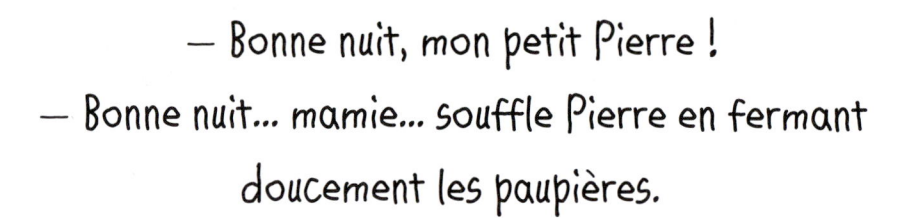

— Bonne nuit, mon petit Pierre !
— Bonne nuit... mamie... souffle Pierre en fermant doucement les paupières.